# LE

# PAYS DU SOLEIL

## (Provence – Italie)

PAR

Pierre GIRARD

LYON

IMPRIMERIE ALRICY & FAUQUE

*Cours Lafayette, 5*

—

1894

# LE
# PAYS DU SOLEIL

# LE

# PAYS DU SOLEIL

## (Provence – Italie)

PAR

Pierre GIRARD

LYON

IMPRIMERIE ALRICY & FAUQUE

Cours Lafayette, 5

—

1892

# LE

# PAYS DU SOLEIL

---

*A mon ami Alexandre C.*

Notre Italie à nous, c'est la Provence. Elle aussi a ses monuments romains, sa langue harmonieuse, son clair soleil. Le soleil ! c'est le magicien de ces contrées ; c'est lui qui fait chanter la cigale dans les sillons, et qui jette des perles sur la crête des vagues ; c'est lui qui, à son lever, tend une frange de pourpre au bord du toit des plus humbles chaumières. Les facilités de la vie moderne nous permettent d'avoir chez nous les fruits de l'Espagne, les vins de Samos et de Sicile, les porcelaines du Japon, les fleurs des tropiques. Mais le soleil, il faut aller le chercher là-bas. Les chemins de fer transportent tout, dit le félibre Adolphe Dumas, sauf le soleil et les étoiles.

Mai carrejon pas lou soulèu
Mai carrejon pas lis estello.

Vallée du Rhône et Provence sont restées dans mon esprit avec la magie de leur couleur depuis le jour où nous visitâmes ensemble la Camargue. Vous m'avez initié, ami, à la poésie large et pénétrante de cette contrée ; il est donc juste que ces pages vous soient dédiées.

Ce fut le mois d'avril de l'année 1882 qui nous vit descendre Paul et moi à Nîmes la romaine. Vous nous y attendiez pour nous montrer la Maison-Carrée, les Arènes et le reste. Vous rappelez-vous l'enthousiasme de notre camarade devant certaine tête de vieux que le musée attribue à Rembrandt ? Et cette théorie de vierges d'un style si éthéré que les Flandrin ont peinte dans l'église de Saint-Paul ?

Mais, malgré son intérêt, Nîmes ne peut nous retenir longtemps ; nous aspirons à des choses plus inédites, nous voulons suivre des chemins moins fréquentés, et le lendemain nous faisons notre entrée à Aigues-Mortes.

La fille de saint Louis conserve intacte sa ceinture de tours et de murailles crénelées, derrière lesquelles se dissimulent les maisons basses. A l'avant-garde, le donjon de Constance élève sa tourelle du guet. Çà et là une porte ogivale fait une trouée dans la masse brune des remparts, pour nous montrer la lande qui fuit ou l'étang qui miroite. Aigues-Mortes est reliée à la mer par un canal, sur lequel stationne une balancelle avec un chargement d'oranges. Il s'en dégage un parfum qui embaume tous les alentours.

Une lieue de chemin, le temps de parer la barque, et nous sommes en mer nous balançant au gré de notre voile déployée. Le Grau-du-Roi profile devant nous ses phares et les mâts de ses bateaux ; la grève plate trace une raie blanche entre le double azur du ciel et de l'eau.

Une ville presque morte et un village de pêcheurs, voilà tout ce qui reste de vie sur ce rivage où s'entassaient jadis soldats, paladins, armes et bagages, tentes et chevaux, dans le mouvement et le pêle-mêle du départ pour la croisade.

Aigues-Mortes s'est souvenue de son fondateur. Sur la place publique elle a élevé une statue à ce roi, l'une des plus grandes figures qui aient paru dans le monde, à ce saint Louis en qui s'incarnent la foi et l'héroïsme du XIIIe siècle. C'est l'époque des saints enthousiasmes, époque féconde pour l'art et la poésie, qui voit naître la langue française et surgir de toutes parts nos cathédrales gothiques. Saint Louis seconde puissamment cet essor. Des hautes dissertations avec saint Thomas d'Aquin, il sait passer aux gais propos avec Joinville ; il admet les ménestrels à sa table, jette les fondements du droit français et rend la justice aux faibles, en même temps qu'il sert les pauvres et panse les plaies des malades, laissant partout la marque de son génie ou de son cœur.

Nous pénétrons dans la Camargue. Un petit Camargais enlève vaillamment notre voiture, dont les roues enfoncent dans la vase. L'eau est rare dans les étangs; ils offrent une succession continue de terrains d'un blond roux très doux à l'œil et particulier à cette région. Çà et là le sol est nacré par des efflorescences salines. Pas un pli ne ride cette plaine étrange : c'est la grandeur sauvage du désert, et l'on comprend que l'été y ait cette violence qui donna la mort à la poétique Mireille. Pour toute végétation, des salicornes rampants, des tamaris égayés d'asphodèles roses et parfois un bois de pins maritimes. Pas de chemins, pas de villages, pas même d'habitations, si ce n'est quelques maisons de pasteurs. Mais des vols de goëlands, des troupeaux de chevaux blancs ou de taureaux noirs aux longues cornes relevées, sous la garde de cavaliers armés d'un trident. Nous avons rejoint une véritable armée de taureaux ; l'un d'eux s'est séparé de la troupe, plusieurs cavaliers

sont lancés à sa poursuite, et ce sont des courses folles, échevelées dans ces arènes sans
barrières.

Nous atteignons le petit Rhône qui roule
silencieusement ses vagues limoneuses ;
nous le franchissons en bac, et bientôt nous
voyons surgir du sein de la morne sollitude
l'église des Saintes-Maries-de-la-Mer, grou-
pant autour d'elle les maisons basses du village.

C'est sur ce coin de terre béni qu'abordè-
rent les amis de Jésus, chassés de la Judée,
Lazare, Marthe, Marie-Magdeleine, les deux
autres Marie et leurs compagnons. C'est de
là que le christianisme se répandit dans les
Gaules. Lazare se rendit à Marseille ; Maxi-
min à Aix ; Trophime à Arles ; Marthe à
Tarascon ; Marie-Magdeleine illustra la
Sainte-Baume par sa pénitence.

Le lieu où nous sommes fut d'abord ap-
pelé Notre-Dame-de-la-Barque, et son église
paraît être la première de la Gaule qui ait
été dédiée à la mère de Dieu. L'église ac-
tuelle est armée de mâchicoulis, de meur-
trières et de créneaux. Elle se divise en
trois parties : une chapelle supérieure con-
tenant les châsses de sainte Marie Jacobé et
de sainte Marie Salomé, l'église des fidèles, et
une crypte construite par le roi René et
renfermant les reliques de sainte Sara.

Une courte grève de sable sépare le bourg de la mer. Rien ne saurait peindre le calme solennel du rivage perdu entre ces deux immensités : la mer et la lande. Le tableau a la simplicité des choses sublimes. D'un côté, les vagues luisantes qui s'écroulent avec des écumes ; de l'autre, la savane unie, au-dessus de laquelle l'église silhouette ses lignes puissantes. Sur le bord une dune de sable ondule comme une houle, et les rayons du soir lui donnent des tons dorés d'une finesse exquise.

Une seule fois pendant notre séjour, la grève est sortie de son calme. Quelques bateaux de pêche ayant paru en vue des Saintes-Maries, des barques ont quitté le rivage pour les accoster et débarquer le poisson, et pendant quelques instants il en est résulté un va-et-vient très animé.

J'ai voulu explorer les environs attiré par le mirage des étangs lointains ; mais j'ai failli m'enliser dans les terrains humides, où les bras des marais vous enserrent de toutes parts, comme les tentacules d'une pieuvre gigantesque.

Il avait plu pendant notre séjour aux Saintes-Maries, et au retour le spectacle était tout changé : la lumière chantait sur les étangs maintenant remplis, et notre voiture entrait dans l'eau jusqu'au moyeu des roues. Nous avons dîné dans la chaumière des gardiens : le jeune a l'aspect hérissé comme ses taureaux ; le vieux possède une tête superbe de tranquille énergie. Notre repas a été suivi d'une opération fort intéressante. Un cheval sauvage est refoulé dans une cour ; on lui entrave deux jambes en lui lançant un lacet, puis on lui jette une selle sur le dos. Alors ce sont des frémissements, des bonds désordonnés, et il faut surveiller de près l'animal pour qu'il ne puisse s'échapper. Enfin le cavalier saute en selle, et le cheval, débarrassé de ses entraves, bondit, cherchant par les écarts les plus violents à se décharger du poids nouveau qu'il sent sur ses reins.

Telle était alors la Camargue. Il importait d'en fixer la physionomie dans sa pureté native. Aujourd'hui les plantations et les chemins de fer l'envahissent, et bientôt elle ne ressemblera pas plus à la Camargue d'autrefois que les palmiers de nos serres ne ressemblent à ceux du Sahara.

Deux ans plus tard, j'allais vous rejoindre à Saint-Tropez. Longues presqu'îles et baies profondes, falaises abruptes et calanques arrondies découpent la côte de la façon la plus ingénieuse. La ville, serrée autour de son campanile, regarde les montagnes des Maures qui ferment le golfe au nord. Au-dessous du fort, à l'est, des constructions lépreuses, d'un ton jaunâtre, mettent en relief l'azur des flots. Dans le port se balance votre barque amie, *le Pingouin*. Oh ! les joyeuses courses vagabondes quand, la voile et le foc tendus, il nous emportait en se cabrant sur les vagues, pendant que les écumes nous fouettaient le visage et que la brise nous saturait de senteurs marines. Entre-temps on se dirigeait à travers bois vers le cap Camarat dressé en promontoire sur les eaux. ou vers la petite anse recueillie de Cavalaire à la courbe harmonieuse. Au retour nous attendait la bouillabaisse fumante et safranée, et l'amitié assaisonnait le repas, comme elle avait charmé l'excursion.

Le mois d'août 1888 me ramène encore en Provence. Mon collégien m'accompagne ; bien que jeune, il est déjà capable de voir et de sentir. Nous descendons le Rhône en bateau, pour jouir des aspects variés que présente la vallée, une vallée fort remarquable qu'il faudrait voir en détail. Devant nous défilent les donjons et les vieilles villes : Crussol, Lavoulte, Rochemaure couvrant toute une montagne de ses ruines, Viviers groupée sur un rocher autour de sa cathédrale. Puis nous quittons les défilés de l'Ardèche ; la vallée s'ouvre et s'élargit jusqu'au Ventoux. Le fleuve prend alors toute son ampleur ; de ses bras flexibles il entoure les

iles couvertes de peupliers, de joncs et de
lianes vertes. Voici Avignon !

Le château des Papes, ses hautes ogives,
ses donjons et ses tours forment, avec Notre-
Dame-des-Doms, une masse compacte de
l'effet le plus puissant. La ville, couchée aux
pieds du géant, disparaît.

La couleur n'est pas moins belle que la
silhouette. Vues de la rive droite du Rhône,
quand le jour commence à baisser, les murailles en pierre blanche, légèrement bru-
nie, prennent l'éclat de l'ambre, et jettent des
reflets d'or dans l'azur du fleuve. Comme à
Gênes, l'épithète de *superbe* vous vient sur
les lèvres; mais Gênes est rougeâtre, tandis
qu'Avignon est dorée comme une vieille ar-
mure.

Jadis j'ai passé d'Arles à Trinquetaille sur
un pont de bateaux, celui sur lequel, la nuit
de la mort d'Ourrias, dansèrent les trèves
follets. Depuis, ce pont a été remplacé par
un pont en fer; c'est à la fois plus commode
et plus laid.

Cependant jusqu'à ce jour la pioche des
démolisseurs a respecté la Rome gauloise.
Ses ruelles tortueuses, qui l'été disparaissent sous des tentures bigarrées, ont un ca-
chet d'intimité tout provincial. Outre ses
nombreux monuments romains, Arles possède le portail et le cloître de St-Trophime.
Le portail, construit au xii$^e$ siècle, est

d'une richesse d'ornementation étonnante.

Dès sa naissance, l'art français montre son goût pour la profusion des sculptures. C'était l'époque où, sous l'influence des moines de Cluny et de Cîteaux, l'art revenait à la vie pour nous doter des églises d'Autun, de St-Sernin, de Charlieu et de tant d'autres. A l'exception de Pise, les villes italiennes dormaient encore dans la barbarie; elles ne devaient s'éveiller que deux siècles plus tard. C'est donc à des français et à des moines que revient l'honneur de la vraie Renaissance.

Nous avons laissé derrière nous l'abbaye de Montmajour et ses murs en ruines, dans lesquels bâillent les fenêtres vides, et nous cheminons dans un étroit vallon des Alpilles. Le ciel est voilé; l'air pesant s'imprègne de violents parfums d'herbes aromatiques; mon camarade oppressé souffle avec effort. Les montagnes rocailleuses n'ont pas les formes épaisses des nôtres; elles sont effilées, nerveuses en quelque sorte. Une cime plus fière se présente, avec des rochers suspendus sur l'abîme. Nous approchons, et voilà que ces rochers deviennent des habitations. Nous escaladons la montagne : toute une ville est là, cachée dans cet escarpement et dominant la région.

C'était jadis l'aire de ces aiglons, qui se nommaient les princes des Baux, et se disaient issus du mage Balthazar. A la fois lettrés et batailleurs, ils ont laissé à leur résidence l'empreinte de ce double caractère. La ville des Baux n'est en effet qu'une vaste forteresse, mais une forteresse polie; les maisons, pour la plupart taillées dans le roc, ont des façades ciselées, des feuilles d'acanthe au-dessus des portes, des nervures autour des fenêtres. Mais la puissante cité d'autrefois n'est plus qu'une ruine presque déserte; les toits sont absents, les ronces ont envahi les cours et les salles, et de cette ville morte se dégage une mélancolie profonde. Les pans de murs en loques affectent les formes les plus bizarres et forment un dangereux labyrinthe. Un instant, j'avais perdu mon petit homme; j'errais à sa recherche au milieu des décombres, et l'angoisse commençait à me serrer le cœur, quand je le retrouvai sur la petite place qui précède l'église.

Nous sommes revenus par Maussane et nous attendons le train qui doit nous ramener à Arles; la nuit tombe, une voix chante dans la campagne paisible. Dans la gare sont réunis des paysans qui, pour tromper l'attente, se pèsent sur la bascule; l'opération se fait au milieu d'un babillage amusant, dans l'idiome provençal. Un bonhomme d'âge mûr entre tenant au bras une jeune femme : « Sian novi, nous sommes fiancés, » dit celle-ci, en affectant les mines précieuses les plus drôles. Et tous de rire.

Nous quittons Arles à six heures du matin pour continuer la descente du Rhône. Le bateau s'ébranle ; à nos pieds le fleuve resplendit des feux du levant ; au-delà s'étend une ligne d'arbres et de verdure ; au fond, et noyée d'ombre, la silhouette d'Arles et de Trinquetaille, hérissée de clochers et de tours, diminue progressivement dans le ciel clair.

Le fleuve s'élargit de plus en plus et roule ses ondes fatiguées, regrettant, dit Mistral, le palais d'Avignon, les farandoles et les fanfares , mélancolique comme un grand vieillard qui agonise.

> Regretous dóu palais d'Avignoun,
> Di farandoulo e di sinfòni,
> Coume un grand vièi qu'es à l'angòni.

Les passagers du bateau qui nous emporte à la Tour-Saint-Louis sont tous des paysans ou des marins. L'un d'eux lit à haute voix une histoire provençale qui fait rire aux éclats toute l'assistance ; une arlésienne a reposé sur l'épaule de sa voisine sa tête noble et fine, encadrée d'une épaisse chevelure noire.

Passer de la Tour-Saint-Louis à Fos et à Port-de-Bouc n'est pas facile ; les bateaux sont plus communs que les chevaux dans cette région maritime et, par le violent mistral qui soufflait, une traversée était peu engageante. Je me mets en quête cependant et je découvre un véhicule, une jument y est attelée et nous partons, accompagnés d'un jeune poulain qui galope à côté de sa mère.

Port-de-Bouc s'est montré peu hospitalier pour nous. Le vent qui soufflait en tempête nous a obligés à passer une partie du temps dans les cafés, triste nécessité pour des touristes doués de notre ardeur. Cependant, abrités dans une petite crique, nous avons pu voir le soleil se coucher sur la mer.

Le lendemain dès l'aube nous partions pour les Martigues. On dormait dans la voiture et, vu l'heure matinale, on dormait aussi à l'hôtel où nous descendîmes.

La Venise provençale n'a point de palais, mais des maisons de pêcheurs d'un ton gris cendré, éparpillées sur les bords de l'étang de Berre et sur les lagunes qui relient la ville à la mer. Les canaux sont couverts de barques, les quais sont encombrés de filets qui sèchent. L'étang houleux porte des aigrettes d'écume.

Il ne faut pas se laisser tromper par ce mot d'étang ; il désigne en réalité un lac immense, en partie encadré dans des collines rocheuses au sommet, mais couvertes au bas d'oliviers, de vignes et d'amandiers. Le joli chemin que celui qui court entre la montagne et l'étang !

Nous avons exploré celles de ces collines qui dominent la ville au midi, et nous nous sommes arrêtés sur une cime en face du golfe de Fos, dont l'azur rayonnant est souligné par la côte blanche de Port-de-Bouc. Au loin, le grand Rhône se déverse dans la mer, qu'il tache sur une vaste étendue de ses eaux limoneuses. A nos pieds, les lagunes sont d'un bleu intense, mais d'une intensité invraisemblable.

Abrités contre le mistral par un rocher, seuls dans le désert montagneux qui nous entourait, nous séparant de toute vie humaine pour nous recueillir devant l'œuvre de Dieu, nous ne pouvions nous lasser de contempler cette poétique nature.

Oh ! comme je vous porte envie, pêcheurs des Martigues !

Cette fois, nous prenons la route de l'Italie. Longtemps nous avons désiré ce voyage, longtemps nous l'avons caressé dans nos rêves éveillés. Aussi, bien qu'il fasse nuit noire au départ de notre petite caravane, le soleil brille-t-il vivement dans nos imaginations.

Une journée de trajet et nous faisons halte...

Des rues tracées au cordeau, bordées de maisons toutes semblables, un immense échiquier en un mot, voilà Turin, chef-d'œuvre de style ennuyeux et froid. Sans doute le musée intéresse par ses van Dyck, ses Macrino d'Alba touchants et ses gracieux Gaudenzio Ferrari ; mais le Palais-Royal fatigue par un luxe déréglé d'ors et d'enluminures. Fuyons à Gênes chercher le pittoresque et la couleur.

Maintenant ce sont des plaines à peine égayées par de grêles campaniles, plaine d'Asti, plaines d'Alexandrie et de Marengo. Cependant les montagnes se rapprochent ; nous suivons un torrent dans une gorge ; nous franchissons le col de la Bocchetta ; un souffle tiède nous arrive du large : voilà l'Italie, voilà Gênes ; et du coup pour prendre possession, ivres d'impatience et du désir de voir, nous pénétrons dans le palais Doria.

Pauvre édifice ! Il s'est vu brutalement supprimer son escalier monumental par le

chemin de fer ; mais il reste encore tout
rayonnant sous les fresques de Perin del Vaga.
Les gentilshommes qui tapissent le corri-
dor du premier étage ont la plus mâle tournure. Comme il convient d'ailleurs à la rési -
dence de l'amiral des flottes impériale, italienne et française, le palais Doria s'élève vers
le port, et ses jardins baignent dans la vague
les bases de leurs terrasses.

Le lendemain, tout comme à Moscou, il
neigeait ; le vent soufflait en froides rafales,
des nuées grises couraient dans le ciel terne :
tel était l'accueil que nous réservait la riante
Italie au mois de mars de l'année 1886.

Nous nous dirigeons néanmoins vers la
jetée, trébuchant sur des quartiers de pier-
res, pataugeant dans la boue. Nous atteignons le môle, que nous suivons dans toute
sa longueur, et nous nous retournons. Nous
étions bien payés. Gênes s'étalait devant nous autour de sa baie arrondie, et dres-
sait en amphithéâtre ses palais aux robustes assises, aux corniches saillantes.
Derrière la ville, comme fond, une ceinture de montagnes fauves. Sur le bord, les
hautes maisons, peintes de tons vigoureux,
qui avoisinent Santa-Maria di Castello, bâtie
sur l'emplacement de la forteresse romaine.
A gauche, le port, avec sa forêt de mâts et
ses pavillons. Au près et au loin, la mer

houleuse. A droite, une falaise de rochers fermait durement le paysage. La neige, maintenant transformée en pluie, rayait le ciel, et nous nous accotions contre les blocs du môle pour résister à la tempête.

Quelques années plus tard nous revenions à Gênes au cœur de l'été, et nous descendions à cet hôtel de France qui vient d'être assiégé par la populace à la suite des rixes sanglantes d'Aigues-Mortes. Notre chambre, perchée au cinquième étage, prenait jour sur le port, fermée à l'ouest par la presqu'île que termine le phare. Au premier plan, le quai des chargements fourmille de gens, de chevaux et de chars, et à travers un enchevêtrement de toitures, un clocher décrépit profile ses murs grisâtres. Ce coin de vieille ville a une saveur très spéciale.

Nous avions projeté d'abord une promenade sur la côte du Ponent dans des jardins aux plantes exotiques. Puis nous nous sommes dit que la fleur rare entre toutes c'est Gênes, et que, lorsqu'on a la chance d'être dans une ville d'un tel caractère, il faut se garder de lui enlever quelques heures. Nous avons voulu revoir le groupe inoubliable qui avoisine Santa-Maria di Castello. Il est toujours là avec ses constructions massives aux soubassements énormes, superposant les uns sur les autres, étages, balcons et terrasses, et s'élevant compact dans l'azur.

Mais au soleil de juillet son ton rougeâtre s'exaspérait jusqu'à la violence. Véritablement cela flambait !

Nous avons égaré nos pas dans les anciens quartiers, dans les carrefours, les petites places si picaresques. Le regard est arrêté à chaque pas par les sculptures des portes, les niches à madones, la foule bigarrée qui s'agite en tous sens ; par les troupeaux de mules coiffées de chapeaux de paille, couvertes de sonnettes, de franges et de pompons, et jusque par les loques de teintes criardes qui flottent aux fenêtres, accrochant le rayon de soleil égaré dans l'ombre des ruelles.

Nous avions récolté à l'issue de notre déjeuner un docteur alsacien qui voulait tout voir. Bien que fatigué par une excursion du matin, il s'attachait à nos pas et nous le traînions languissant, lamentable, au palais Durazzo qu'il fallait lui montrer et auquel nous voulions dire un dernier adieu.

Une merveille d'élégante simplicité ce palais Durazzo, avec son vestibule, son escalier et ses colonnes en marbre blanc légèrement veiné. A cette sobriété d'ornements, à cette noblesse de l'architecture, à cette splendeur de la matière, on reconnaît la demeure d'un grand seigneur intelligent et artiste, et le portique, audacieusement jeté au sommet de la façade, lui fait un diadème royal.

Ce chef-d'œuvre est de Galéas Alessi, élève de Michel-Ange ; l'escalier est dû à Tagliafico. C'est le type des palais génois, et ils sont dans ce style-là non pas quelques-uns, mais une légion. En présence de cette restauration de l'antique, rehaussée par un grain de fantaisie, on se prend à rêver de la Grèce. Pour nous, si nous étions nés sur les marches d'un trône, comme on disait à l'hôtel Rambouillet, nous ne voudrions pas d'autre résidence que cet intérieur délicat et ses propylées à la blancheur de nacre.

Pour que rien ne manque à leur gloire, les Durazzo se sont encore offerts un musée tel que les Balbi et les Brignole peuvent seuls en montrer. Dans ces galeries trône van Dyck, le gentilhomme devant lequel a posé toute l'aristocratie génoise. Le goût du flamand s'est affiné en Italie ; c'est, il n'en faut pas douter, au long séjour qu'il y a fait, que van Dyck doit la distinction de son style.

Après avoir erré autour de la cathédrale, nous retrouvâmes le soir notre docteur en larmes ; on venait de lui apprendre qu'il était trop tard pour aller visiter le Campo Santo. Nous essayâmes timidement de lui insinuer que le mal n'était pas si grand qu'il le croyait ; mais sa douleur ne voulait point être consolée. Enfin il partit à tout hasard ;

nous ne l'avons pas revu et nous n'avons pas su la fin de ce dramatique épisode.

Le voyage de 1886 fut marqué par un incident plus sérieux : la première étape avait été fatale à un des membres de la caravane, qui dut interrompre à Gênes l'excursion et regagner la France. Pressés par le temps, Sténie et Louis partaient en avant-garde, et je suivais triste et seul derrière eux la route de Sestri-Levante. Je regardais, sans me laisser distraire, les villages coquettement plantés sur la colline, à l'embouchure du torrent, avec leurs maisons badigeonnées de tons clairs, qui essayaient en vain de rire sous la pluie. Enfin j'abordais à Sestri-Levante, où je trouvais le cousin du célèbre Paganini tout heureux de recevoir les présents de notre ami T. Il m'indiquait la grande rue qui aboutit à l'église. Mes compagnons de route étaient là, sous le porche, regardant la mer.

Louis et moi nous escaladions le promontoire qui porte la villa Piuma. De là, nos regards erraient sur la ville et sa petite baie, sur la côte dentelée qui mène à Porto-Fino, sur les vallées, les gorges et les montagnes tailladant le ciel de leurs cônes nombreux. Du côté de la Spezzia, le rivage était désert, la mer sans voiles. Les vagues s'avançaient en rangs pressés, pour se briser avec des écumes sur les rochers de la falaise, se replier sur elles-mêmes, et bondir encore à l'assaut, sans se lasser jamais. Autour de nous, les sapins inondés semblaient pleurer sur la tristesse du temps; la mélancolie du paysage doublait celle de nos cœurs.

Sténie, restée sous le porche de l'église, avait employé ses loisirs à faire un croquis. Des pêcheurs l'entouraient, intéressés par la vue de leur barque, transportée sur le papier. A notre retour à l'auberge, Paganini, voulant fêter ses hôtes, débouchait un flacon d'Asti *spumante*, et nous partions pour Pise.

Sur une vaste place, à l'écart de la ville, le dôme élève ses quatre rangs superposés de colonnettes et d'arcades; on dirait un temple antique, rajeuni et agrémenté. C'est le premier monument par lequel se soit manifesté le réveil artistique en Italie.

Pise dut principalement sa prospérité à ses guerres contre les Sarrasins, et c'est en souvenir d'une victoire remportée sur eux que fut construit le dôme.

Notre guide nous fait remarquer que les colonnes ne sont pas toutes absolument verticales: « Les Pisans étant à guerroyer, nous dit-il, les femmes remplissaient l'office de maçons, et elles ne faisaient pas usage du fil à plomb; de là cette irrégularité. » Nous n'avons pas vérifié l'exactitude de ce dire amusant.

A côté du dôme, la tour penchée, et devant, le baptistère, qui possède la chaire de Nicolas de Pise, le créateur de la sculpture italienne, un précurseur qui dès le XIII<sup>e</sup> siècle faisait vivre le marbre.

A l'autre bout de la place, le Campo-Santo. N'est-ce pas Marie-Antoinette, enfant, qui, entendant du Mozart après de la musique de second ordre, s'écriait : « Ça, c'est *la* musique. » De même nous disions à Pise : « Ça, c'est *le* Campo-Santo. » C'est qu'en effet les autres disparaissent devant celui-ci. Autour d'une cour vide, un cloître développe ses colonnettes et arrondit ses arcades. L'herbe s'épanouit dans la cour, la fleur gothique s'épanouit autour des arceaux, et dans ce cadre ainsi préparé l'art primitif s'est donné libre carrière. Les murs sont tapissés par les gracieuses fresques de Benozzo Gozzoli, élève de fra Angelico, par le *Jugement dernier* et le *Triomphe de la mort* d'Orcagna, d'un sentiment douloureux et poignant.

Tel est ce quatuor d'édifices réunis dans ce lieu solitaire, où l'on peut converser sans trouble avec le passé attachant, tandis que la ville habitée s'agite plus loin.

Des réverbères, des boutiques, des voitures de place, des maîtres d'hôtel qui se disputent nos personnes pour avoir notre bourse ; où sommes-nous donc ?

A Rome. Certes l'arrivée est décevante. Les abords de la gare sont occupés par un nouveau quartier, banal comme une ville née d'hier, aligné et raide comme un régiment prussien. Dioclétien, ce grand constructeur, ne saurait y reconnaître ses thermes et pour la seconde fois s'enfuirait à Spalato, indigné de cette manie de démolition qui pèse sur notre siècle.

Voulant avoir une première idée de la ville, nous allâmes de suite nous promener sur le Corso. L'intérêt nous en parut médiocre, et nous errions à l'aventure, mélancoliquement, tandis que la nuit nous jetait un manteau humide sur les épaules.

Mais, le lendemain, quel réveil !

Dès le matin, nous nous dirigeons vers le Vatican, arrêtés à chaque pas par des embarras de voitures dans le dédale des ruelles. Nous arrivons sur le pont Saint-Ange, en présence de la vue de Rome tant de fois reproduite : le Tibre, bordé de vieilles maisons romantiques, le mausolée d'Adrien en face, et, plus loin à gauche par dessus les maisons, la fameuse coupole de Michel-Ange.

Encore quelques pas et nous débouchons sur la place de Saint-Pierre, qu'entoure la

colonnade du Bernin et au fond de laquelle
s'épanouit la basilique. L'effet d'ensemble
est saisissant. Puis, quand on détaille l'im-
pression, on trouve que l'église est un peu
annihilée par ce portique monumental, et on
se demande s'il n'eût pas mieux valu sacri-
fier la place pour laisser à l'édifice toute sa
valeur.

Saint-Pierre a conservé peu de chose du
plan de Bramante et de Michel-Ange. Ce
qu'il en reste suffit pourtant à lui donner un
caractère grandiose. L'intérieur est particulièrement majestueux ; on n'est pas habi-
tué à voir de pareils espaces circonscrits
par des murailles, et les proportions de ce
colosse de pierre ont été admirablement cal-
culées. Nous regrettons que le Bernin ait
défiguré ce grand style par sa décoration de
mauvais goût.

Mais nous avons franchi la porte de bronze,
nous pénétrons dans la chapelle Sixtine, et
là nous sommes terrassés par ce travail de
la voûte où Michel-Ange semble avoir posé
les limites du génie humain. Le souffle de la
plus haute inspiration anime d'une vie im-
mortelle : prophètes, sibylles, scènes de la
création. On ne retrouvera plus de figure
comme ce Jérémie qui songe si douloureusement aux malheurs de Jérusalem. Il faut
renoncer, après Michel-Ange, à peindre la
puissance de ce Créateur qui lance les mon-

des dans l'espace et qui appelle Adam à la vie sur la terre aride. Qu'avait-il donc en lui ce Florentin pour s'exprimer dans ce style surhumain ?...

Ame attachante s'il en fut, d'une sensibilité toute moderne, insatiable d'idéal, grand comme un des prophètes qui avaient jailli de son cerveau puissant, on le voyait rester silencieux et solitaire, sans doute parce qu'il ne trouvait personne qui répondit à l'élévation de ses pensées. Chrétien convaincu, il semble, dans son extrême vieillesse, en arriver à se reprocher le culte dont il a entouré l'art. « Peinture ou statuaire, dit-il, que rien maintenant ne vienne distraire mon âme tournée vers le divin amour, qui sur la croix ouvrit les bras pour nous recevoir. »

L'abside de la chapelle Sixtine est couverte par le *Jugement dernier.* Sur les murs latéraux sont des fresques remarquables du Pérugin, de Botticelli et autres, auxquelles pourtant on ne prend pas garde, tant elles sont éclipsées par le rayonnement aveuglant de l'œuvre de Buonarotti.

A ses côtés, voici Raphaël avec la *Dispute du Saint-Sacrement* et les autres *Chambres.*

Mais avant de passer outre, nous tenons à déclarer que nous n'entendons nullement faire de la critique d'art proprement dite.

Nous avons trop de maîtres en cette matière qui demanderait d'ailleurs un volume.
Beaucoup de pièces capitales nous ont longuement arrêtés dans nos voyages que nous
ne nommerons même pas, précisément parce
qu'elles ont épuisé toutes les formules de
l'admiration. Rassurez-vous donc, ami qui
avez la patience de nous lire ; nous éviterons
les lieux communs et nous nous bornerons à
quelques notes rapides.

Et puisque nous en sommes aux Stanze,
laissez-moi vous arrêter devant le groupe
de femmes et d'enfants qui occupe le côté
gauche de la *Messe de Bolsène.* Tout Raphaël est là avec son art de la composition.
Nul n'a possédé comme lui le talent d'arran-
ger des figures, et de faire avec quelques
personnages un tableau complet que l'œil
embrasse sans effort et qui donne la plénitude de la jouissance artistique.

Auprès des Stanze s'ouvre la chapelle de
Nicolas V, peinte par fra Angelico, le seul
peut-être qui puisse soutenir le redoutable
voisinage de Michel-Ange et de Raphaël.
Par sa noblesse idéale, par son style éthéré,
il plane dans les régions les plus sereines du
ciel artistique.

Nous passons aux Loges, ornées sous la
direction de Sanzio par ses élèves. Les pages de la Bible, peintes dans le voûte, ont uu
charme exquis. Quant aux figurines, aux

fleurs, aux arabesques, elles sont, par leur finesse et leur verve, le dernier mot de l'art décoratif.

Mais les merveilles se succèdent. Raphaël nous revient encore à la pinacothèque avec sa *Madone de Foligno*, sa *Transfiguration*, et le reste ;*Fra Angelico*, le *Titien*, le *Dominiquin*, *Murillo* et vingt autres lui font un cortège royal.

Puis voici les antiques : le *Laocoon* tourmenté et théâtral, l'*Apollon du Belvédère*, très beau et très froid, prétentieux d'ailleurs et mal réparé. Il y a une tendance à préférer les œuvres plus simples, plus fortes, de la vieille école dorienne, telles que le *Doryphore de Polyclète*, et surtout le *Discobole de Myron*, d'un mouvement si vrai. Toutes ces statues révèlent une science du corps humain, une habileté de ciseau étonnantes. Que serait-ce, s'il s'était rencontré alors un Michel-Ange pour leur donner une âme?

Mais pendant que les marbres et les bronzes défilent devant nous, les heures, la journé: s'écoule, et nous sortons du Vatican les yeux fatigués, la tête grosse, mais ravis.

Comme je rejoignais mes compagnons sur la place St-Pierre, je les vis en conversation très animée avec un abbé italien. Il leur montrait la dalle qui marque un des foyers de l'ellipse formée par la colonnade, et, malgré ses gestes désespérés, il ne parvenait pas à leur faire comprendre que, de ce point, le rang intérieur des colonnes cache tous les autres rangs.

Que voulez-vous ? l'abbé était peut-être plus sensible à cette curiosité qu'à la *Piéta* de Michel-Ange, placée à quelques pas de là dans la basilique. L'artiste, à qui on reprochait d'avoir donné à la Vierge des traits par trop jeunes, fit cette belle réponse : « Il est probable que le ciel, pour rendre témoignage de la céleste pureté de Marie, permit qu'elle conservât le doux éclat de la jeunesse. »

Notre première journée à Rome n'avait été qu'un long éblouissement. La conversation filandreuse de mon ami X... et certain repas d'anachorète avaient bien jeté dans notre ciel quelques légers nuages ; mais ils s'étaient vite évanouis au souffle de notre enthousiasme.

Le lendemain, nous nous acheminons à travers le malpropre mais pittoresque ghetto vers la place Montanara, d'où part le tramway qui conduit à St-Paul-hors-les-Murs. La basilique est en pleine campagne sur les bords du Tibre. C'était, avant l'incendie de 1823, l'une des églises les plus intéressantes de Rome ; c'est aujourd'hui l'une des plus riches, avec ses colonnes d'albâtre et de granit. Mais comme nous eussions préféré la revoir sous la livrée grise des siècles passés !

Au retour, nous entrons à Ste-Marie in Cosmedin, dont l'élégant campanile étend son ombre sur le temple de Vesta, puis nous montons au Capitole.

Une place, dessinée par Michel-Ange, occuppe le sommet de la colline. Au centre de la place se dresse le bronze de Marc-Aurèle, qui a servi de modèle à tant d'autres statues équestres. Dans le musée voisin, le *Gladiateur* n'a pas encore achevé son agonie. Est-ce un Gladiateur ou un Gaulois ? L'archéologie est divisée. Ce que nous savons, et cela nous suffit, c'est que ce mourant est l'une des œuvres les plus attachantes de la statuaire grecque.

Derrière le Capitole est couché le Forum, encombré d'arcs de triomphe, de colonnes, de débris de temples ; et plus loin la masse énorme du Colisée s'enlève en rouge sanglant sur le ciel bleu.

Replacez les colonnes sur leurs bases, déblayez la voie Sacrée de la poussière qui la couvre, relevez, à l'entrée du cirque, la statue colossale de Néron, et regardez. C'est jour de fête à Rome. L'empereur Trajan, le doux Trajan, en l'honneur de sa victoire sur les Daces, donne des combats où sont morts dix mille gladiateurs, et qui durent depuis cent vingt jours.

Quatre-vingt mille spectateurs viennent s'entasser sur les degrés du Colisée pour voir des hommes agoniser et mourir, et pour mieux jouir, ces raffinés ont fait placer sur leurs têtes des voiles de pourpre brodés d'or ; des conduites d'eau leur versent une rosée parfumée, et un orchestre de mille instruments étouffe les cris des victimes.

Telle était la civilisation païenne à son apogée ; telle était, avant qu'il n'eût accepté la doctrine du Christ, ce peuple romain tant admiré. On peut encore voir sur le Forum la prison Mamertine, où furent enfermés successivement Vercingétorix et saint Pierre, ces deux victimes de l'aménité romaine. et près du Colisée l'église qui possède les chaînes du prince des Apôtres.

L'apparence en est modeste, comme celle de la plupart des églises de Rome, qui ne séduisent pas tout d'abord des yeux habitués au magique épanouissement des cathédrales gothiques. Il ne faut pas chercher ici ces riches façades, sur lesquelles se presse tout un monde vivant de saints, de plantes, de feuillages et d'animaux ; ces piliers et ces nervures, qui montent sans fin vers le ciel, comme un acte de foi et d'amour ; ces vitraux qui flamboient douloureusement dans les ténèbres des basses-nefs. La Renaissance n'a pas connu cette intensité dans l'expres-

-sion; elle n'a pas su faire prier la pierre. Eprise de l'antique, elle a reproduit surtout les formes simples et pondérées de ses monuments.

Mais si quelque étude est nécessaire à l'homme du nord pour s'habituer à cet art, il est du moins de suite empoigné par les trésors inestimables qu'il découvre partout ici dans les églises semées pour ainsi dire à chaque pas, sur tous les points de la ville et en rase campagne. On peut entrer au hasard. Le chrétien trouvera toujours à s'agenouiller devant des reliques de martyrs ou même des souvenirs du Sauveur. L'artiste tombera en extase devant une madone entourée de saints, signée d'un des grands noms de la peinture, une *sacra conversazione*, comme disent gracieusement les Italiens, et il oubliera la fuite des heures en conversant lui-même avec ces beaux et saints personnages.

A St-Pierre-aux-Liens nous avons vu le formidable *Moïse*, sculpté par Michel-Ange, pour le tombeau du pape Jules II, son protecteur. A Ste-Praxède nous nous sommes prosternés avec émotion devant la colonne à laquelle Jésus fut attaché.

Un soir nous sommes entrés à Ste-Marie-de-la-Paix. Raphaël a jeté négligemment ses sibylles au-dessus de l'arcade d'une chapelle. Elles sont là, calmes comme des êtres placés en dehors des agitations humaines, vivantes cependant, très vivantes, l'une jeune et gracieuse, toutes quatre, même la plus vieille sous ses rides, belles d'une immatérielle beauté. Elles lisent les inscriptions que leur présentent de petits anges, et l'ensemble forme un groupe digne d'apprendre l'harmonie à la Grèce harmonieuse.

En sortant de Ste-Marie-de-la-Paix, nous avons fait l'ascension du Janicule. St-Pierre-in-Montorio a été construit sur la colline où fut dressée la croix du chef des apôtres. Le jour baissait, et nous faisions des efforts violents pour voir la *Flagellation*, très détériorée, peinte par Sébastien del Piombo, sur les dessins de Michel-Ange, dont on sent percer à travers la toile la griffe puissante.

Au dehors Rome se développe à nos pieds, avec ses colonnes et ses arcs de triomphe, avec les dômes et les campaniles de ses trois cents églises. A droite les statues de Saint-Jean-de-Latran, puis, au pied du Palatin, la Rome antique, farouche jusque dans la mort; les murs anguleux de l'Ara Cœli, qui protègent le vieux Capitole ; la flèche et les coupoles de Ste-Marie-Majeure. A gauche les deux tours de la Trinité-des-Monts, la villa Médicis et les jardins du Pincio. Autour de la ville, la plaine étrange et fauve. Au loin la ligne des montagnes, d'un dessin très pur, parmi lesquelles le Soracte émerge comme un donjon crénelé.

Le jour de la fête de saint Joseph, nous prenions notre premier déjeuner à l'entrée du Corso, probablement au *café de Venise*, près du sombre palais de Venise, qui représente à Rome le style florentin. C'était jour de *festa grossa*, nous disait le garçon. Le repas fini, nous retournions à Saint-Jean-de-Latran, où nous espérions entendre une messe *di primo cartello*, et où nous fûmes réduits à suivre une messe basse, à genoux sur une marche de pierre. Si l'usage de supprimer les sièges est incommode, il est au moins très artistique, car il conserve aux lignes du monument toute leur valeur et oblige les fidèles à prendre des poses plus pittoresques. Je revois à quelques pas de moi, au pied d'un pilier, quelques femmes et un enfant groupés tout naturellement avec tant d'art qu'on les eût dits détachés d'une composition de Raphaël.

Saint-Jean-de-Latran est la mère et la première des églises. De son péristyle la vue s'étend sur les remparts, la campagne, et plus près, au bout d'un espace de terrain vide, sur Sainte-Croix-de-Jérusalem. Voilà certes un cadre bien simple et cependant préférable aux plus somptueuses colonnades. C'est que rien n'est propre à mettre en relief

un monument comme la solitude ; la nature
est toujours pleine d'attrait, elle ne se lasse
pas de prodiguer fleurs et feuilles, et l'on
peut s'en rapporter à son goût pour la décoration d'un tableau.

Au retour nous nous égarons dans des
chemins où l'on nous offre des pièces de
monnaie rouillées au lieu de guide. Nous
arrivons cependant à Saint-Grégoire-au-
Célius, qui nous dédommage de notre peine.
Statue majestueuse et expressive de saint
Grégoire par Michel-Ange et ses élèves,
tombeaux, peintures du Dominiquin et du
Guide, tout se trouve réuni dans cette église
et ses chapelles, qu'entourent des jardins
libéralement abandonnés aux herbes folles.

Mais il fallait déjeuner, et, si la Rome antique est riche en cailloux sculptés, elle est
pauvre en *trattorie*. On nous en découvre
une pourtant où nous apaisons notre faim.

Nous nous engageons alors sur la voie
Triomphale, dans un char de triomphe traîné
par un descendant fort décrépit du cheval
de Marc-Aurèle, puis sur la voie Appienne.
La poussière de la route nous fait trouver
peu de charme au tombeau des Scipions et à
celui de Cœcilia Metella. Plus émouvantes sont
la chapelle *Domine quo vadis*, les cata-
combes de Saint-Calixte et l'église Saint-
Sébastien, peuplée de reliques des martyrs.
Les monts d'Albe et de la Sabine terminent

la plaine désolée, du fond de laquelle les piliers des aqueducs ont l'air de s'avancer par longues files, comme des caravanes en marche. Les arbres sont rares et maigres ; du faîte des tombeaux en ruines les plantes sauvages pendent comme des chevelures éplorées. Le soleil pèse lourdement sur ce paysage funèbre et sur les pauvres voyageurs. Parfois se présente un berger coiffé d'un chapeau conique et drapé dans un manteau déchiqueté, ou une paysanne aux vêtements rouges, mais d'un rouge avivé par le contraste des prés verts. Brusquement le terrain s'écroule, pour se relever plus loin, et sous ces mouvements étranges on soupçonne des maisons et des bourgs ensevelis.

Notre ami et maître Félix T. compare cette région à la plaine du Forez. Toutes deux en effet ont leur grandeur et leur mélancolie. Sans doute vous ne trouverez pas au pays du doux coulant Lignon la ligne immobile des aqueducs, elle est remplacée par la ligne sombre des bois de pins, dont les mille voix murmurantes produisent au moindre souffle une harmonie vague, singulièrement musicale : « *Pinus loquentes*, les pins qui parlent », a dit Virgile. Mais dans les deux régions le dessin est souvent semblable. Approchez des étangs de Mornant : leurs eaux calmes reflètent le ciel et doublent la lumière ; leur azur est

vivement rehaussé par les tons dorés des
joncs et des roseaux brûlés. Au fond les
monts d'Izore allongent leurs croupes rous-
sâtres. Vous avez absolument devant vous
un coin de la campagne romaine.

L'homme qui sera doué d'assez de stoï-
cisme pour voyager dans une maison rou-
lante, à la mode bohémienne, aura réalisé
le double problème de voir à fond le paysage
et d'éviter la corvée, sans cesse renaissante,
des installations dans les hôtels. C'est là
l'occupation déplaisante des voyages. A notre arrivée à Naples, par exemple, nous
avons perdu un temps précieux dans l'attente de notre déjeuner. Il est vrai que nous
l'avons arrosé de falerne, ce déjeuner, à
l'instar d'Horace et de Sénèque ; mais nous
n'avions pas de coupe d'or, en sorte que l'i-
mitation était incomplète. Le vin blanc de
Capri, léger et délicat, nous a d'ailleurs paru
préférable au falerne.

Au soleil couchant, nous étions au Pausilippe. La ville éparpille sur la colline St-
Elme et sur le rivage ses innombrables
maisons à terrasses. Plus près de nous, le
château de l'Œuf fait saillie dans la mer. A
l'extrémité de la baie de Pouzzoles s'avance
le cap Misène, où sir Œneas perdit son trompette Misenus. Plus avant, vers la haute
mer, s'échelonnent les îles de Procida et

d'Ischia. Au sud, la côte de Sorrente et l'île de Capri, à demi-voilées dans l'éloignement, ferment le golfe de Naples.

Quand on parle d'une grotte, on s'imagine un retraite tapissée de mousse, arrosée par une source murmurante, habitée par les lutins et les fées. Or la grotte du Pausilippe n'est qu'un vulgaire tunnel éclairé au gaz et occupé dans toute sa longueur par une route, sur laquelle les voitures font un bruit assourdissant. Vous voyez comme cela répond bien à l'idée rustique qu'on s'en est faite d'avance. A l'entrée de la grotte est le tombeau peu authentique de Virgile.

Le lendemain, visite au musée où sont accumulés, outre la collection Farnèse, les objets d'art trouvés à Cumes, Herculanum et Pompéi. Si nous osions hasarder une opinion aussi irrévérencieuse, nous dirions que l'*Hercule de Glycon* nous paraît bien massif et rappelle un peu trop l'hercule de foire. Aucune lueur d'intelligence dans les traits ne vient racheter l'exagération des muscles. Le *Taureau Farnèse*, trop compliqué, ne nous plaît pas davantage ; ce n'est certainement pas ainsi que Phidias comprenait la composition d'un sujet de sculpture. Mais combien de statues d'une tout autre valeur sont réunies dans ce vaste musée! La sauvage énergie du peuple romain s'incarne dans les bustes d'empereurs aux faces dures, épaisses, d'une vé-

rité d'expression presque effrayante. Chose
curieuse, le masque de Titus est l'un des
plus terribles.

Comme nous entrions à la pinacothèque,
un rayon de lumière est venu frapper nos
yeux. Il partait d'une marine au déclin du
jour, chaude et colorée, comme Claude Lor-
rain sait les peindre. Celui-ci et Nicolas
Poussin sont les deux paysagistes que l'on
rencontre le plus souvent dans les musées
d'Italie, et on n'a garde de s'en plaindre, car
ils représentent dignement l'art français.
Citons aussi la *S^te Famille du divin amour*,
de Raphaël, et la *Zingarella*, du Corrège,
le peintre de la grâce parfois un peu ma-
niérée, un maître dans l'art d'éclairer une
scène.

Ascension de la colline St-Elme. La chartreuse San-Martino, qui la couronne, est le
joyau de Naples. Sa chapelle est somptueu-
sement ornée de marbres et de peintures. A
côté de ce luxe un peu tapageur, le cloître
élève simplement ses soixante colonnes de
marbre blanc, sur lesquelles le ciel pose sa
coupole bleue ; ces deux teintes juxtaposées
sont d'une fraîcheur virginale.

La cathédrale de St-Janvier a été commencée par Charles I^er d'Anjou ; c'est un échan-
tillon médiocre du gothique français. Nous
l'avons trouvée très animée. Pendant qu'on
célébrait l'office au maître-autel, un jeune

clerc faisait le catéchisme dans une chapelle, des abbés recevaient leurs pénitents, des groupes entraient et récitaient leurs prières à haute voix, les visiteurs examinaient les colonnes de brocatelle, les tableaux du Dominiquin, et même les fresques de Luca Giordano, dit Fapresto (fait vite). Ce peintre en bâtiments brossait, dit-on, une cène, lorsque son père l'appela pour diner : « J'y vais, répondit-il, j'ai déjà fait le Christ, il ne me reste plus que les douze apôtres. »

La ville de Naples est pauvre en monuments ; elle n'a ni le prestige de Rome ni le charme de Venise ni la fière allure de Gênes, mais elle a son golfe. Nous l'avons parcouru dans toute sa longueur, ce golfe bleu, autour duquel Portici, Resina, les deux Torre et Castellamare font une immense bordure. Au fond le cône droit du Vésuve noircit le ciel par son panache de fumée. En ce moment il vomit la lave par deux cratères, dont l'un intermittent, qui la nuit flamboient lugubrement. A ses pieds dans la fertile campagne, la vigne, comme au temps de Virgile, se marie à l'ormeau et court en festons d'un arbre à l'autre.

Quand on approche de Sorrente, la falaise se dresse de toute sa hauteur, l'eau devient d'un vert d'émeraude. Les maisons des pêcheurs sont accrochées aux parois d'une

cassure ouverte dans la masse rocheuse;
elles dégringolent jusqu'à la mer, où une
grève étroite permet aux barques d'aborder.
Les villas sont assises sur le plateau qui
couronne la falaise, et qui est lui-même dominé par un ressaut de la montagne. Nous
avons suivi la route enchanteresse qui mène
de Sorrente à Castellamare, à travers les
bosquets de citronniers, d'orangers et d'oliviers au feuillage poussiéreux. Le paysage
est joli, un peu musqué pourtant, un peu
petit pour le cadre magnifique que lui font
la mer et le ciel. La grande nature est restée sauvage ; elle fuit les régions populeuses.

De Castellamare nous passons à Pompéi.
Après un sommeil de dix-sept siècles, Pompéi
a secoué la cendre du tombeau, et nos con-
temporains ébahis ont vu se dresser devant
eux cette Belle au bois dormant, drapée
dans la toge romaine. Ils se sont rués sur
les statues, les peintures, les mosaïques, les
ont transportées à Naples, et n'ont laissé ici
que le squelette : maisons sans toitures,
ruelles étroites aux ornières profondes, où
l'antiquaire peut se donner la joie de fouler
le pavé romain.


Retour à Rome à travers les Abruzzes rocheuses. Nous faisons halte à Albano. Le lac
dort immobile au fond d'un cratère éteint,
surmonté par le dôme de Castel Gandolfo.

Au-delà de cette conque d'eau figée est l'emplacement d'Albe-la-Longue, et plus haut le mont Cavo, seul hirsute dans ce paysage aimable. Pour un peu, on se demanderait si Nicolas Poussin n'a pas dessiné lui-même ces montagnes si bien arrangées et lustrées, si ce n'est pas la nature qui a copié le peintre.

Du lac d'Albano un chemin agreste, bordé de grands arbres qui nous ont rappelé le nord, nous a conduit à Ariccia, puis au lac Nemi, aux bords tapissés de bois. A l'ouest d'Aricie, la montagne s'affaisse brusquement et la vue s'étend sur la plaine et sur la mer. L'intensité de la lumière confond le sol et l'eau dans une teinte uniforme semblable à la pellicule d'oxyde qui recouvre le plomb fondu. Rien n'indiquerait où s'arrête la ligne des terres, si nous ne découvrions dans ce désert impassible un clocher, celui d'Ardée sans doute, qui coupe l'horizon comme un mât de navire.

Arrivés à Rome, nous avons dû faire une nouvelle séance au Vatican, malgré la longueur de la première, pour satisfaire notre désir de revoir les choses passionnantes déjà vues, surtout la voûte de la chapelle Sixtine, et pour en emporter dans l'esprit une image fidèle et durable.

Puis, visite au palais Borghèse, dont nous avons trouvé le jardin couvert de camélias en fleurs. Mais combien plus belles sont les fleurs artistiques, les saintes familles de Lorenzo di Credi, d'André del Sarto et des élèves de Raphaël, qui peuplent la galerie ! Depuis, le maitre de cet admirable château de la misère en a vendu plusieurs fleurons.

Ce jour-là nous avons perdu quelques heures de ce temps dont nous étions si avares, avec un gai compagnon de voyage rencontré précédemment dans le train de Naples. Mais ce cicerone était si obligeant ! Il nous montrait les perspectives fuyantes du père Pozzi à Saint-Ignace, et autres curiosités de ce genre souvent recherchées par les touristes, et il accompagnait chaque indication de ces mots : « C'est très intéressant.» Cela revenait comme un refrain qu'il nous disait avec une satisfaction tout à fait drôle.

Nous partons pour Florence. Sur le parcours se présentent : Orviéto, massée sur le plateau que domine sa cathédrale ; Cortone, accrochée aux flancs d'une montagne, et une foule de petites villes piquées comme des sentinelles sur des éminences. Tout à coup une vision orientale: c'est le lac de Trasimène d'un ton glauque rayonnant, avec un village et une tour sur un promontoire, et, derrière, des montagnes noyées dans une lumière élyséenne. N'est-ce pas le tableau reproduit par Corot dans ses Chevriers ? Le dessin est le même si la couleur diffère. Grâce à la remarquable eau-forte de notre ami Beauverie, nous pouvons nous donner tout à loisir la jouissance de ce chef-d'œuvre.

De hautes constructions en pierre fruste, percées de rares ouvertures, aux avant-toits proéminents, des cloîtres nombreux, une évocation du moyen-âge en un mot, telle est Florence, par un singulier contraste avec son nom de ville des fleurs. La maison des cardeurs de laine est d'une tournure toute féodale ; des blocs cyclopéens servent d'assises au palais Pitti ; les demeures les plus élégantes, comme celle des Strozzi, ont la mine farouche et semblent redire l'histoire sanglante de cette république florentine où chacun était armé contre son voisin. La nuit l'aspect est particulièrement sinistre.

Mais en pénétrant dans l'intérieur des monuments, on y trouve les hôtes les plus aimables. Pour notre part nous nous sommes attardés avec eux, au point de ne pouvoir remplir notre programme dans le délai que nous nous étions assigné. C'est qu'en effet, comme Pise, Florence est la ville de ces esprits fins et distingués qui ont précédé la Renaissance, et dont les œuvres constituent

la première floraison de l'art moderne. La
noblesse de ces primitifs n'a d'égale que la
vérité qu'ils mettent à exprimer leurs sentiments.

Santa-Maria-Novella nous souhaite la bien-
venue. L'église, ses cloîtres et sa chapelle
des Espagnols forment un ensemble très-pic-
tural. Là réside cette vierge dont la vue ex-
cita un tel enthousiasme qu'elle fut portée
en procession. Elle est due à Cimabue, le
fondateur de l'école florentine, qui aurait
décidé la vocation du pâtre Giotto en le
voyant dessiner ses moutons sur le sable.

Là encore nous trouvons Simone Memmi,
l'artiste préféré des papes d'Avignon. Il
nous montre Jésus allant au Calvaire, accom-
pagné d'un cortège nombreux de soldats, de
cavaliers, de prêtres, de saintes femmes;
derrière s'étagent les maisons de Jérusalem
avec une foule de curieux aux fenêtres. Les
personnages du premier plan sont d'un mouvement très juste, les têtes sont dessinées
avec une pureté qui étonne dans un art à ses
débuts.

Les élèves de Giotto, Orcagna et Taddeo
Gaddi, très vivants, comme leur maître,
complètent ce groupe de primitifs. A côté
d'eux, l'austère Ghirlandajo représente l'art
florentin sur le seuil de la grande époque.

Nous arrivons à la place de la Seigneurie.
Le Palais Vieux élève très haut dans les airs

son gigantesque beffroi. A ses pieds la Loggia de' Lanzi, d'une grâce toute féminine, étale en plein air ses statues et ses bas-reliefs. Cosme de Médicis, Neptune et ses tritons achèvent de peupler la place d'une façon peu commune.

Près du Palais Vieux, le Bargello garde la frise de Lucca della Robbia. Des groupes d'enfants chantent avec un sérieux imperturbable, d'autres font des rondes joyeuses, quelques-uns boudent. Tous sont d'une vivacité d'allure, d'une franchise d'expression telles que la vie déborde de cette œuvre entraînante.

D'une physionomie moins piquante que la Seigneurie, la place du Dôme n'est pourtant pas moins belle ; car elle réunit dans son enceinte la cathédrale grave et sévère, le campanile dont les tons clairs chantent gaiement au soleil, le baptistère et les portes de Ghiberti. Ce dernier a travaillé sur le bronze avec la même aisance qu'un peintre sur la toile. Il décrit de grandes scènes bibliques ; il fait mouvoir des foules : hérauts sonnant de la trompette, théories de jeunes filles calmes et superbes, comme dans la procession d'Hébreux qui se déroule sur quatre ou cinq plans autour de Jéricho.

Mais san Lorenzo nous réserve une émotion autrement profonde. Ghiberti est un virtuose dont les variations brillantes nous étonnent, tandis que les accents de Michel-Ange nous bouleversent et nous arrachent des larmes. Sur les tombeaux de Julien de Médicis et du Pensieroso, gisent, affaissées dans leur douleur, quatre statues symbolisant le Jour, la Nuit, le Crépuscule et l'Aurore. Michel-Ange les a laissées inachevées ; mais telles qu'elles sont, elles exhalent la plainte la plus angoissante qu'ait entendue l'humanité depuis celle de Job. Le Crépuscule soulève avec effort son front appesanti par l'amertume plus encore que par les voiles de la nuit naissante. Cet être souffrant, à demi-enfermé dans son bloc de pierre, a quelque chose de vague, de mystérieux, qui éveille dans l'esprit une foule de pensées mélancoliques et fait vibrer étrangement le cœur.

Buonarotti ne fut pas seulement sculpteur, peintre, architecte et poète, il fut encore ingénieur militaire et, lors du siège mémorable que Florence soutint pendant onze mois contre les troupes allemandes, il dirigea les travaux des fortifications et fut l'un des plus ardents défenseurs de sa ville natale. Florence vaincue, Michel-Ange dut se cacher d'abord ; puis il fut amnistié, grâce à l'intervention du pape Clément VII. Il est certain que la douleur ressentie par ce grand patriote influa sur son œuvre, puisqu'il fait dire à sa statue de la Nuit : « Dormir m'est doux et plus encore d'être de pierre, tant que durent la misère et la honte. »

Mentre che'l danno e la vergogna dura.

Il est à Florence un sanctuaire plus calme, placé au-dessus des agitations humaines : c'est le couvent de Saint-Marc, où vécut fra Angelico de Fiesole. Celui-ci a cherché son idéal dans le ciel, et il l'a réalisé autant qu'un pinceau humain peut le faire, par l'aspect immatériel de ses personnages, par la pureté des sentiments qu'ils expriment. Ses anges surtout respirent la plénitude de l'innocence, la grâce inconsciente de l'enfant. On raconte que fra Angelico se mettait à genoux pour peindre ses madones, et que parfois ses yeux se mouillaient de larmes d'attendrissement. Il a décoré chaque cellule d'une fresque, qui très souvent représente l'annonciation, la bonne nouvelle, sujet préféré des peintres de cette époque.

Le majestueux fra Bartolommeo a vécu aussi dans cette retraite de St-Marc et y a laissé des traces de son passage. Ami du jeune Raphaël, il l'approche de très près par la science de grouper les personnages. Leur intimité ne fut pas étrangère, du moins il est permis de le croire, à cette harmonie de la composition, que le peintre d'Urbin possède à un si haut degré.

Parfois les vieux édifices sont pris d'un accès de coquetterie, et ils sèment sur leurs robes de pierre sombre des terres cuites émaillées, qui luisent comme des paillettes. Tel est le cas de l'hospice qui borde la place de l'Annunziata. Mais ce qui attire surtout ici, c'est le parvis dont André del Sarto s'est fait le tapissier. On retrouve dans sa *Nativité de la Vierge* la morbidezza, le coloris clair et vaporeux familiers à ce maître dans l'art de plaire. De grandes dames se drapent dans les plis abondants de leurs robes renaissance, et nous pouvons vous présenter parmi elles Madame André del Sarto.

Nous traversons toute la ville pour arriver à Santa-Croce, où Giotto a retracé la vie de St François d'Assise, son inspirateur. D'origine provençale par sa mère, ce dernier avait reçu au baptême le nom de Jean, mais on lui donna par la suite celui de François, à cause de sa facilité à parler la langue française. Traduisant exactement dans ses actes les paroles de l'Evangile, il avait renoncé à ses biens et s'était dépouillé même de ses vêtements pour revêtir ceux du pauvre. Ame vibrante comme une lyre, il invite les oiseaux, le soleil, les vents, qu'il appelle ses frères, à louer le Créateur. Il va le long des chemins, chantant ces poésies d'un soufle ardent, dans lesquelles il consacre, avec l'amour de Dieu, l'amour de la nature pour Dieu. Son influence est énorme ; il entraine poètes et artistes dans son sillon lumineux. Il inspire Dante, qui prononce sur lui ces paroles enthousiastes : *nacque al mondo un sole.* « Un « soleil est né au monde, pareil à celui du « firmament quand il sort des eaux du « Gange. »

Il inspire Giotto ; à sa suite Giotto va puiser dans l'observation de la nature ce style plein de vie et d'intérêt dramatique qui marque une révolution féconde dans la peinture. Il inspirera plusieurs générations d'artistes jusqu'à Murillo qui, dans une conception géniale, nous représente Jésus se détachant de la croix pour presser sur sa poitrine son ami le mendiant d'Assise.

Et maintenant, comment vous parler des Uffizi et du palais Pitti ? Là règnent en maîtres fra Bartolommeo ; André del Sarto ; Raphaël, avec la *Madone au Chardonneret*, le *Portrait de Jules II*, la vision dantesque d'Ezéchiel, la *Vierge à la Chaise*, la plus populaire de ses madones, et celle du *Grand-Duc*, la plus suave, une inspiration de fra Angelico traduite par le maître d'Urbin.

De cette pléiade florentine fait encore partie Lorenzo di Credi, qui jeta au feu ses œuvres profanes à la voix de Savonarole. Il joint à l'onction des primitifs la perfection de forme de la grande époque, ainsi qu'en témoigne, aux Uffizi, son tableau de l'Enfant Jésus adoré par la Vierge et par le petit Jean-Baptiste, dont un ange soutient les pas chancelants.

Praxitèle est ici représenté par le groupe pathétique de Niobé. Il est vrai que plusieurs l'attribuent à Scopas, et d'autre part c'est une simple copie ; mais cette admirable copie remplace avantageusement l'original, qui a le défaut radical de ne plus exister.

Cependant Léonard de Vinci, Albert Durer, Rembrandt, Rubens, Velazquez, se pressent à la suite des Grecs et des Vénitiens et sollicitent non moins impérieusement notre attention. Entreprendre une description même sommaire serait folie. Nous serions à la fois insuffisant et fatigant, et vous ne manqueriez pas de dire en arrivant au terme, à l'exemple de notre ami B...: « Enfin, nous voilà débarrassés du palais Pitti ! »

Pour nous, après une longue séance dans ces galeries princières, nous sommes montés nous reposer à San Miniato. Au-dessus de la ville sombre émergent la tour du Palais Vieux, le campanile aux marbres variés, le dôme de Ste-Marie-les-Fleurs. L'Arno promène à travers la vallée ses flots jaunâtres et à droite s'étagent les riantes montagnes de Fiesole.

Et puis nous sommes partis pour Venise,

que nous avions réservée pour la fin du voyage. Le choléra y faisait des victimes, ainsi qu'à Padoue, et, s'il lui avait pris fantaisie de nous saisir au passage, au moins notre excursion n'eût pas été arrêtée dès le début. Comme pour justifier nos craintes, voilà qu'à la gare de Padoue parviennent à nos oreilles des sanglots de femme désespérée qui semble pleurer un parent. Ces cris déchirants, en pleine nuit, nous glacent le cœur.

Bientôt nous traversons la lagune de Mestre ; les lueurs mêlées de la lune et de l'aube naissante la transforment en un lac vaporeux, pâle comme un rêve.

Venise !... Nous glissons d'abord sur l'eau noire et gluante des petits canaux, encore plongés dans une pénombre funèbre ; puis tout à coup nous débouchons dans le Grand Canal, vers la Salute, en face d'une rouge aurore qui embrasait la mer et l'horizon.

Arrivé à l'hôtel, j'essaie de prendre quelque repos. Plus courageux, mes compagnons partent à la découverte et reviennent bientôt en poussant des exclamations enthousiastes. Je me lève alors, et de suite nous nous trouvons sur cette place St-Marc, qui a toujours l'air en fête avec les tons joyeux de ses édifices. Des banderolles flottant au sommet des mâts ; au fond la basilique touffue élève sur d'innombrables colonnes ses coupoles et ses aiguilles.

Nous pénétrons à l'intérieur, et je me revois encore à genoux sur le pavé, accablé
et énervé par la fatigue, l'insomnie, les ima-
ges lugubres, et cependant fasciné par le
chaud rayonnement des mosaïques rouge et
or, par les fauves reflets des vieux marbres,
par l'aspect fantastique de cette mosquée
toute enluminée et ciselée. Le chœur est
fermé par un jubé couvert de statues; le
baldaquin du maitre-autel repose sur des
colonnes chargées de bas-reliefs de la base
au sommet ; au fond est un second autel,
dont les colonnes d'albâtre proviennent, au
dire des Vénitiens, du temple de Salomon.

Nous allons rendre nos hommages aux
doges. La muraille rose de leur palais est
portée par deux galeries superposées ; une
profusion de feuillages, d'arabesques, de figures d'animaux s'enroulent autour des cha-
piteaux. La cour, avec ses quatre façades
d'architectures variées, est un fouillis de
statues, de bas-reliefs, de chimères, de balus-
trades évidées à jour. A l'intérieur les parois
et les plafonds des salles sont faits avec des
Tintoret, des Palma, des Paul Véronèse.

Et que dire des lagunes ?

Mais le temps pressait, et nous partions
trop tôt, emportant dans l'esprit cette vision
lumineuse, qui depuis me hantait sans cesse.
Je voulais revoir Venise. Enfin un compagnon de route aimable s'étant présenté, nous

partîmes, et, après avoir visité Turin et Gênes, nous allâmes coucher à Pavie, le soir du 7 juillet 1892.

Nous étions descendus à l'hôtel de la Croix Blanche, et nous dormions profondément quand, vers deux heures du matin, nous fûmes éveillés par une formidable explosion. Bon ! voilà l'hôtel qui saute... et je me préparai à recevoir le plafond sur la tête. Le plafond résista. Mais en un instant toute la ville était sur pied, et une rumeur de voix nombreuses montait de la rue sous nos fenêtres. Je me levai. Une forte odeur de poudre s'était répandue dans l'hôtel. Un garçon était là, pâle comme un mort, du moins il devait l'être, sous peine de manquer à tous ses devoirs. Il marmota une explication qui ne m'expliqua rien. Peu rassurés, mais sans pousser plus loin l'enquête cependant, nous réussîmes à nous rendormir tant bien que mal, et au jour nous apprimes qu'une bombe anarchiste avait éclaté dans la salle à manger de l'hôtel. Les gendarmes faisaient leur inspection, et le maître, échappé au désastre, recevait les félicitations de ses amis.

Le lendemain les journaux donnaient le récit terrifiant de la catastrophe. Il s'agissait, croyons-nous, d'un acte de vengeance dirigé contre le maître de la Croix-Blan-

che, qui aurait enlevé une inscription placée précédemment dans son hôtel en mé-
moire de Mazzini.....

La Chartreuse de Pavie est digne de sa
réputation. Remarqué surtout le cloitre
avec ses figurines en terre cuite, dominé par
le transept de l'église en briques rouges,
au-dessus duquel s'élance le campanile. Cet
ensemble curieux, d'un ton très chaud, s'en-
levait merveilleusement sur le ciel limpide.

Comme Turin, Milan est une ville de
commerce, bruyante et banale. Toutefois
il ne faudrait pas vous croire quitte avec
elle, quand, installé dans un restaurant
de la galerie Victor-Emmanuel, vous aurez
savouré une côtelette à la milanaise et arrosé votre *gorgonzola* d'un flacon de
Chianti. Même l'ascension du Dôme ne saurait vous suffire, eussiez-vous nombré les
innombrables aiguilles neigeuses de cet édifice cristallisé et découvert le mont Rose au
bout de votre horizon.

Là-bas en effet, à l'extrémité de la ville,
dans une salle humide, se cache la *Cène* de
Léonard de Vinci. Vous la connaissez au
moins par la gravure ; mais ce qu'il faut
venir admirer dans l'original, c'est la séré-
nité divine du Sauveur, c'est le mouvement
qui dramatise les groupes des apôtres.

De Milan Léonard de Vinci passa en France, où il mourut près d'Amboise, après avoir enrichi le Louvre. C'est un chercheur nerveux, qui fait en quelque sorte transpirer la pensée de ses personnages à travers la chair et parvient à des raffinements d'expression indéfinissables.

Son élève Bernardino Luini tempère le sourire énigmatique du maître par la grâce la plus séduisante. Voyez plutôt les fresques dont il a couvert l'église de Saint-Maurice, et dites-nous s'il se peut rien imaginer de plus exquis que sa tête de sainte Catherine.

Le musée Brera nous offre le *Mariage de la Vierge*, par Raphaël, qui marque l'apogée de la peinture ombrienne. Et puisque nous en sommes à la douce école de Gentile da Fabriano, arrêtons-nous un instant devant cette toile signée : Timoteo della Vite, qui nous paraît en reproduire exactement le type. C'est une madone entre un rude saint Jean-Baptiste et un saint Sébastien jeune et touchant. Criblé de flèches, il oublie leurs morsures dans la contemplation de l'ange qui descend du ciel pour annoncer la venue du Rédempteur. Certes la facture n'est pas parfaite, l'auteur ne porte pas un nom retentissant ; mais son tableau nous émeut, parce qu'il s'en dégage un calme qui repose, un recueillement pieux qui vous pénètre.

On traverse les plaines monotones de la

Lombardie, d'un vert grisâtre. Et tout à coup, à Desenzano, apparaît une immense tache bleue : c'est le lac de Garde. A droite s'étend le champ de bataille de Solférino.

Vérone est dans un joli site sur l'Adige, au pied des Alpes. Nous nous dirigions vers Saint-Zénon par une chaleur d'orage étouffante. et l'intérieur de l'église nous offrit contre l'ardeur du soleil un abri comme on voudrait en trouver souvent. Faut-il l'avouer ? le bien-être que nous y éprouvions vint s'ajouter aux séductions de l'art pour nous retenir longuement à jouir des lignes de l'édifice, à contempler le tableau de Mantegna, à déchiffrer les vieilles fresques à demi-effacées.

La place aux Herbes est encombrée de fruits, de légumes, de marchands; encombrée aussi de bibelots de marbre, que la cité intelligente semble offrir au peuple pour occuper ses loisirs : ici une colonne portant le lion de saint Marc. là une fontaine avec la statue de Vérone, plus loin la tribune aux proclamations. Les façades peintes et la tour de l'Horloge achèvent de caractériser ce forum.

La place des Seigneurs, moins vantée, est aussi moins bruyante et d'un goût plus affiné. Nous avons éprouvé une vraie surprise en pénétrant dans cet asile, entouré de palais. Le plus élégant de tous est la

Loggia, construite, dit-on, sur les plans de fra Giocondo. On y remarque les statues de Cornelius Nepos, Catulle, Vitruve et Pline-le-Jeune, tous de Vérone. Près de là les tombeaux des Scaliger étalent leur broderie gothique. Ces monuments et d'autres encore, accumulés dans un rayon très restreint, forment un dédale engageant, où l'on peut aller longtemps à la découverte.

Padoue, la vieille cité universitaire, aux rues étroites bordées d'arcades, a été richement dotée par Mantegna et surtout par Giotto. Celui-ci a complètement couvert de fresques la chapelle de la Madone dell' Arena.

Mantegna a décoré l'église des Eremitani de scènes où l'on retrouve son dessin rude et précis, mais dont plusieurs sont dans un état de décomposition pénible à voir. Hélas ! les plus belles œuvres d'art n'intéressent que de rares privilégiés, et vont se dégradant d'année en année. C'est comme un spectacle auquel le voyageur s'arrache à regret. A chaque pas qui l'en éloigne, la vision se voile d'un nouveau rideau de brume, et bientôt elle s'efface sous ces vapeurs épaissies, ne laissant dans l'esprit qu'une image vacillante.

Au contraire, après six siècles écoulés, St Antoine est aussi populaire que le pre-

mier jour. Son souvenir est la vie de Padoue et en quelque sorte sa raison d'être.
Nous étions seuls à l'Arena, deux peut-
être aux Eremitani. Mais autour du tombeau du saint, dans cette chapelle dont les
hauts reliefs retracent sa vie, près des somp-
tueux candélabres d'argent, sous le nimbe
rougeâtre des cierges, se pressait tout un
peuple de fidèles, baisant la pierre sépul-
crale, implorant le secours du puissant
thaumaturge.

 Issu, dit-on, de la famille de Godefroy de
Bouillon, Antoine, après avoir enseigné et
prêché à Montpellier, Toulouse, Le Puy et
autres lieux de France et d'Italie, vint évan-
géliser Padoue. C'était un orateur véhément
et passionné pour le Christ, comme son
maître François d'Assise était poète. Les
églises ne pouvant contenir la foule qui se
pressait sur ses pas, St Antoine prêche dans
les champs et réunit jusqu'à trente mille
auditeurs. A ses accents de feu des larmes
tombent des yeux, des cris de repentir
s'élèvent, le peuple se précipite sur l'orateur pour baiser ses mains et ses pieds, et
les plus impétueux vont jusqu'à déchirer ses
vêtements. Jamais, depuis les temps apos-
toliques, l'éloquence n'avait eu de pareils
triomphes.

 La vaste basilique élevée à St Antoine
a été commencée par Nicolas de Pise. Un

grand nombre de sculpteurs y ont travaillé, et parmi eux Donatello, l'auteur de la statue équestre de Gattamelata qui précède l'église. Ce vigoureux génie sait aussi parfois trouver la grâce, ainsi que le prouve sa sainte Cécile, où la pureté grecque s'allie à l'élégance florentine. Pourquoi faut-il que ce chef-d'œuvre soit enfoui dans la collection de lord Elthon ?

Nous avons vu Padoue, Vérone et Milan au retour de Venise ; c'est un tort car alors tout paraît terne à l'œil saturé de lumière ; mais Venise nous attirait invinciblement. Hâtons-nous de dire qu'elle a tenu toutes ses promesses.

Nous quittons la terre ferme, et de suite nous nous sentons transportés dans un monde nouveau. Le grossier élément solide est remplacé par un élément fluide, transparent, mobile comme l'air. Des îles vaporeuses se montrent, les maisons posées sur les eaux semblent suspendues entre un double ciel. Venise apparaît, non pas superbe et chaudement teintée comme Gênes, mais gracieuse, rose et ambrée, se rasant sur la mer, d'où émergent ses dômes et ses campaniles. Semblable à un oiseau mystérieux aux ailes noires déployées, la gondole nous emporte mollement à travers les canaux, et devant nous défilent ces palais, auxquels des critiques austères peuvent reprocher de manquer parfois de style, mais qui forment le peuple le plus divers, le plus fantasque, le plus aérien qui se puisse imaginer. Après une façade de la décadence, aux fortes saillies, aux cariatides tapageuses, en voici une dans le goût classique, avec ses deux étages de colonnes aux nervures déliées. Puis vient la Ca d'Oro, toute pimpante sous ses ogives couronnées de trèfles mauresques et ses balcons à jour. Ce type brillant du style vénitien est attribué à Calendario, le sculpteur du palais des Doges. Si nous poussions plus loin, je vous montrerais, en face de la Salute, un palazzino ciselé comme une pièce d'orfèvrerie, une dentelle de pierre.

Qui peut transfigurer ainsi cette eau couleur d'herbe fanée ? le soleil ? les remous produits par le passage incessant des barques ? les constructions du bord qui se reflètent dans ce miroir mobile ? Quoi qu'il en soit, toutes les gammes de la palette s'y trouvent : des tons verdâtres lamés d'argent, des tons bleus se dégradant vers le violet, des tons rouges striés d'or, fondus en nuances incertaines, pâlissantes, insaisissables.

Nous débarquons au soleil couchant sur le quai des Esclavons, à l'ancien hôtel de la Lagune, en face du plus merveilleux des spectacles, et nous ne pouvons nous arracher de notre fenêtre. La nuit descend, la lune se lève et trace sur les eaux un long sillon d'argent qui miroite en frissonnant.

C'est l'heure de la vie à Venise. Sur le quai, sur la place St-Marc, à la Merceria, on se porte, on s'étouffe. Les acquaiuoli poussent leurs stridents : fresche, col ghiaccio ! (eaux fraîches, à la glace !) les tables du café Florian débordent des arcades sur la place. Nous sommes au vendredi, jour de concert, et la musique militaire joue avec des sons cuivrés, éclatants, des airs mélodiques dans le goût italien, en multipliant les rinforzando et les diminuendo. Les voyageurs étonnants qui tiennent à retrouver partout le boulevard des Italiens doivent être satisfaits, à cela près cependant qu'en fait d'attelages il faut se contenter des quatre chevaux de Lysippe placés sur le fronton de St-Marc.

Nous avons poussé jusqu'au Rialto. Le brillant éclairage de la Merceria, avivé par les reflets des bijoux et des glaces, a fait place au mystère. Le Grand Canal, si étincelant tout à l'heure, est d'un noir funèbre. Les maisons noyées d'ombre ne s'éclairent que par le sommet, sous la lueur bleuâtre de la lune. Cependant quelques malencontreux réverbères nous empêchent de jouir pleinement de l'effet, et jettent un jour faux dans cette obscurité troublante.

La nuit si vous entendez la chanson d'un passant, ce ne sera pas une de ces vociférations bachiques auxquelles nous sommes trop habitués, mais une canzonetta douce et mélodieuse.

Elles sont terribles nos nuits par cet été brûlant ; les murs surchauffés renvoient des effluves de calorique sur les pauvres voyageurs. Mais le matin, quand nous ouvrons notre fenêtre, comme la fatigue est largement rachetée ! Chaque fois c'est un éblouissement nouveau. A quatre heures la mer est d'un gris argenté et froid, l'air d'un opale azuré. Bientôt une gerbe de rayons vient empourprer la Giudecca et l'ile St-Georges avec son campanile et son église de Palladio. Puis le soleil s'avance repoussant l'ombre progressivement, atteint les dômes gris bleus de la Salute, les colonnes de la Piazzetta, et bientôt enveloppe la ville entière d'une atmosphère rose, ne laissant à l'ombre que les ruelles et les petits canaux, où elle s'enferme comme dans un asile inexpugnable. Cette heure-là est délicieuse et vaut à elle seule bien des journées passées dans nos villes enfumées.

St-Zacharie, qui est à notre porte, reçoit notre première visite. Ses murs sont couverts de grandes peintures décoratives qui seraient remarquées dans toute autre ville, mais auxquelles ici on ne fait pas plus attention qu'aux papiers qui tapissent nos salons, tant leur profusion est grande. En revanche nous nous arrêtons avec bonheur devant la Vierge entourée de saints, par Giovanni Bellini, d'une note plus religieuse, et nous y reviendrons.

Une gondole nous emporte à Santa Maria Formosa, où se trouve la majestueuse sainte Barbe de Palma le Vieux ; à l'église des saints Jean et Paul, toute fière des tombeaux de Leopardo et des Lombardi ; à la Madonna dell'Orto, qui possède le *Veau d'or* du Tintoret. Aaron se fait présenter la maquette de l'idole par quatre porteurs sous les traits de quatre peintres vénitiens. Tintoret, l'un d'eux, est au premier plan, robuste, hardiment campé. A côté, une femme vêtue d'une robe bleue (la femme du Tintoret) montre le veau d'or d'un geste superbe. Au second plan, les juives se dépouillent de leurs colliers et de leurs bracelets pour fondre l'idole. Rarement le Tintoret est parvenu à une telle vigueur en même temps qu'à une telle noblesse de composition.

C'est le plus personnel des peintres vénitiens. Moins parfait que le Titien, il est plus puissant et se joue des raccourcis les plus audacieux. Dans le couronnement de Venise au palais Ducal, six anges sont lancés des profondeurs du ciel avec une fougue, une désinvolture d'attitudes merveilleuses. Le maître est aussi à l'aise pour placer ses personnages dans ces poses impossibles que pour faire un portrait.

Midi : le soleil brûlant semble près de fondre les dalles de marbre du quai des Esclavons ; les gondoles vont se cacher dans les rios, et les pêcheurs se couchent sous les arcades du palais des Doges, au pied de la loggetta de Sansovino, dans les petits sentiers ; si vous n'y prenez garde, vous trébucherez sur leurs corps étendus. La ville dort, allanguie comme un lézard par cette atmosphère de feu.

Mais nous ne dormons pas nous ! A peine avons-nous fait quelques pas sur le quai, que nos gondoliers se précipitent à notre rencontre, et nous nageons vers St-Roch, pour y lire le poème grandiose écrit par le Tintoret sur le crucifiement. Malheureusement les tons ont noirci, comme dans la plupart des tableaux de l'école de St-Roch. Nous avons découvert dans ces toiles grises quelque chose comme un *Massacre des Innocents* d'une violence et d'une réalité inouïes ; jamais la furie, l'emportement ne sont arrivés à ce degré.

En quittant ce formidable musée, presque tout entier du Tintoret, nous avons vu l'église ogivale des Frari ou Franciscains. Outre ses nombreux tombeaux, elle possède la

*Vierge de la Famille Pesaro* peinte par le Titien avec l'ampleur de facture et la richesse de coloris qui lui sont habituelles.

Comme nous nous dirigions vers St-Sébastien, notre principal gondolier nous montra une statue qui a la prétention de représenter Othello... Un beau gars ce gondolier ! ses bras robustes s'allongeaient avec aisance sur la grande rame, et il paraissait insensible à la chaleur torride qui nous accablait. Cependant quand nous traversâmes le canal de la Giudecca, il montait de l'eau un tel rayonnement que je vis perler sur ses membres quelques gouttes de sueur. Du reste poli sans obséquiosité, comme tous les gondoliers; je lui parlais un italien barbare, il me répondait dans un français fantaisiste et nous arrivions à nous comprendre.

Pour le moment, nous étions à St-Sébastien en présence de Paul Véronèse. Celui-ci a remplacé par des tons argentés le coloris jaune et rouge des autres vénitiens. A trois cents ans de distance ses robes de satin blanc sont encore luisantes et glacées comme au premier jour, et les tresses blondes de ses patriciennes ont les reflets des jeunes moissons sous les rayons de l'aube. Voyez saint Sébastien exhortant ses frères au martyre : la peinture a un tel éclat qu'elle semble sortir de l'atelier. Il y a surtout au premier plan une robe bleu de ciel rehaussée de rose-orangé d'un effet irrésistible.

Un matin nous avons dirigé notre promenade vers St-Joseph di Castello. Le monastère voisin possède le cœur de saint François de Sales, qui par ses vertus fut la vivante image du Sauveur. C'est aussi l'un des créateurs de la langue française, et parmi nos vieux écrivains l'un des plus séduisants. Les fleurs, les abeilles, les oiseaux lui fournissent la plupart de ses comparaisons. Nul ne connaît l'âme humaine comme lui, et la délicatesse de ses pensées n'est égalée que par leur profondeur. Il avait créé avec le président Favre l'Académie florimontane, dont firent partie Vaugelas et Honoré d'Urfé. Cet apôtre du Chablais mourut à Lyon dans une humble maison de jardinier dépendant de la recluserie de Ste-Hélène. Les religieuses de ce couvent emportèrent son cœur à Venise à l'époque de la Terreur. C'est donc une colonie lyonnaise que nous retrouvons ici, c'est en quelque sorte un coin de terre française que ce monastère perdu dans les jardins, au bord des lagunes endormies.

Puis nous avons revu à l'Académie l'*Assomption* du Titien, le chef-d'œuvre de l'école vénitienne, les Bonifazio qui semblent rayonner des effluves de calorique, la *Vie de Sainte Ursule*, du gothique Carpaccio, le *Saint Marc* du Tintoret qui fend l'air comme un projectile. Paul Véronèse compose ses fonds avec de prodigieux édifices, entassant jusqu'à cinq étages de portiques, déploie les scènes sous de hautes arcades précédées de balustres de marbre, et drape ses personnages dans la soie et le brocart. Voyez plutôt son *Repas de Lévi* et saluez le gentilhomme du premier plan, car c'est Paul Véronèse lui-même.

Mais si l'on excepte les portraits de sénateurs, d'une allure magistrale, peints par le Titien et le Tintoret, les Vénitiens, dans leur amour du faste, ont souvent négligé la physionomie de leurs personnages. Venez donc reposer vos regards éblouis de tant de splendeurs sur les simples esquisses que possède l'Académie. A défaut de l'éclat du coloris, vous y trouverez incarnées les sublimes inspirations de Michel-Ange, la pensée scrutatrice de Léonard de Vinci, et, dans les douces têtes de vierges de Raphaël, la beauté idéale unie au charme de l'expression.

Nous sommes revenu à pied par le campo san Vitale, en traversant le Grand Canal sur un pont de fer moderne, qui détonne singulièrement au milieu de tant de vieilleries exquises. Cela produit l'effet d'une pièce de métal vulgaire, égarée dans un écrin de perles fines, et la casa Manzoni est tout attristée de ce voisinage disgracieux. Les législateurs de Venise avaient pourvu avec un zèle fé-

roce à la protection de ses intérêts artistiques, puisqu'il était défendu, dit-on, sous
peine de mort, de vendre le *Martyre de St
Pierre* par le Titien. Voyez-vous l'émotion
causée par l'apparition d'un pont métallique
chez ces vieux républicains qui avaient si
amoureusement décoré leur Rialto et leur
pont du Paradis ? Quel châtiment infliger à
l'ingénieur coupable d'avoir défiguré la
Reine de l'Adriatique ? Les Puits, les Plombs,
le lit froid du canal Orfano sont trop doux
pour ce parricide, et le Conseil des Dix se
réunit pour inventer un supplice savant.

Chemin faisant, nous avons découvert des
reproductions fidèles des esquisses de l'Académie. Nous avons fait main-basse sur quel-
ques-unes, et les avons emportées avec la
joie de l'avare allant cacher son trésor.

Nous avons parcouru les petites places et
les ruelles, qui nous initient à la vie populaire. Les débardeurs à la peau mordorée
déchargent les barques pendant que les petits frétillent dans l'eau. Les étalages de
fruits au vernis tentateur empiètent largement et sans scrupule sur le chemin, abrités
par de grandes toiles qui tracent un champ
d'ombre sous l'ardente averse du soleil. Les
branches des lauriers-roses, chargées de
fleurs, montent au-dessus des murs ; les
vignes mêlent leurs festons verts aux festons de pierre des balcons ; les fenêtres des

maisons les plus modestes sont couronnées
d'ogives à trèfles. La ville du moyen âge
revit intacte avec ses ponts qui s'entrecroi-
sent, ses constructions qui se chevauchent
dans le plus amusant désordre. Et arrivé à
St-François della Vigna, nous avons trouvé
porte close, et comme nous voulions entrer,
un moine en robe brune nous a dit très doux :
« *Me ne rincresce,* je le regrette, mais
c'est impossible. » Qu'importe ? nous n'a-
vions pas perdu notre temps.

Et puis nous prenions le bateau pour Fu-
sine. Adieu les palais mauresques et les
jolies maisons de briques roses, adieu les
lagunes diaprées, adieu la clarté blonde qui
vous enveloppe comme une caresse et vous
invite à la rêverie et à la joie. Nous prome-
nions un long regard de regret sur toutes ces
douces choses qui s'enfuyaient lentement, et
notre cœur se serrait comme pour quitter un
ami. Autour de nous, le feuillage des îles
jetait une note dure dans l'harmonie des
tons chatoyants ; et là-bas peu à peu dis-
paraissaient les aiguilles fleuronnées, les
boules d'or scintillantes et les dômes byzan-
tins. Mais, dans sa forme maintenant indé-
cise, la vision restait si colorée, si rayonnante,
que la lumière semblait monter de la terre
vers le ciel.

———

www.ingramcontent.com/pod-product-compliance
Lightning Source LLC
Chambersburg PA
CBHW051122050726
47594CB00003B/913